新编中华文化基础教材

第一册

◎ 主 编　黄玉峰

◎ 副主编　朱　煜　丁慈矿

◎ 编委会（按姓氏音序排列）
丁慈矿
黄玉峰
蒋人杰　王琳妮　王振宁　赵志伟　朱　煜

中华书局

图书在版编目(CIP)数据

新编中华文化基础教材.第一册/黄玉峰主编;朱煜,丁慈矿副主编.—北京:中华书局,2017.4(2019.7重印)
ISBN 978 – 7 – 101 – 11750 – 9

Ⅰ.新… Ⅱ.①黄…②朱…③丁… Ⅲ.中华文化 – 小学 – 教材 Ⅳ.G624.201

中国版本图书馆 CIP 数据核字(2016)第 087112 号

书　　名	新编中华文化基础教材　第一册
主　　编	黄玉峰
副 主 编	朱　煜　丁慈矿
责任编辑	祝安顺　熊瑞敏
出版发行	中华书局
	(北京市丰台区太平桥西里38号　100073)
	http://www.zhbc.com.cn
	E – mail:zhbc@ zhbc.com.cn
印　　刷	北京瑞古冠中印刷厂
版　　次	2017 年 4 月北京第 1 版
	2019 年 7 月北京第 2 次印刷
规　　格	开本/880×1230 毫米　1/16
	印张3¾　字数40千字
印　　数	5001 – 8000 册
国际书号	ISBN 978 – 7 – 101 – 11750 – 9
定　　价	13.80 元

编写说明

一、《新编中华文化基础教材》是响应中共中央办公厅、国务院办公厅《关于实施中华优秀传统文化传承发展工程的意见》及教育部《完善中华优秀传统文化教育指导纲要》指导精神组织编写的中华优秀传统文化教材，一至九年级十八册，高中学段六册，共二十四册。

二、本教材以"立德树人"为教学宗旨，以分学段有序推进中华优秀传统文化教育为目标，注重培育和提高学生对中华优秀传统文化的亲切感和感受力，增强学生对中华优秀传统文化的理解力和理性认识，坚定文化自信。

三、本册教材供一年级上学期使用，包含十课，每课分为四个模块，分别为"识文断字""开蒙启智""诵诗冶性""博闻广识"。

1. "识文断字"模块为汉字教学。每课选取三到五个汉字，列出该字的古今字形，多数配备生动形象的图片，解析汉字的造字原理和规律，说明字义的古今演变，让学生对汉字的造字规律及其背后的文化内涵有初步的印象和了解。

2. "开蒙启智"模块为蒙学经典教学。每课选录古代蒙学经典的文段，辅以亲切简要的提示。内容选择上注重贯彻人格教育，引导学生了解、体会中华优秀传统文化的价值取向与思维模式，进而塑造良好的性格品质与行为方式。

3. "诵诗冶性"模块为诗词教学。每课选录适合小学生诵读的经典诗词若干首。古典诗词是中华优秀传统文化的精髓，对于陶冶学生的思想情操，丰富学生的情感体验，提高学生的审美能力等都有重要意义。

4. "博闻广识"模块为文化常识教学。每课分主题介绍中华传统文化艺术各个方面的常识，拓展学生的文化视野。

本教材之编辑力求严谨，编写过程中广泛征求各界意见，期能以较完备之面貌呈现；然疏漏之处在所难免，敬祈学界先进不吝指正。

编者

2017 年 2 月

目 录

第 一 课

识文断字

　　汉字是世界上历史最悠久的文字之一。今天我们能见到的最早的成系统的汉字，是三千多年前刻在或写在龟甲和兽骨上的甲骨文，还有铸（zhù）在或刻在青铜器上的金文。

　　汉字是世上最独特的表意文字。每个汉字都有丰富的含义。

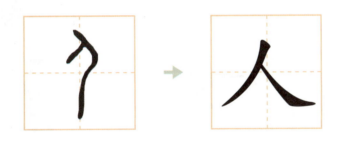

　　这是我们最熟悉的"人"字，"人"的古文字像一个人侧立着，弯腰，垂臂，谦和有礼，又像扶犁耕地劳作的模样。祖先告诉我们：做一个人既要劳动，又要有敬畏心。

1

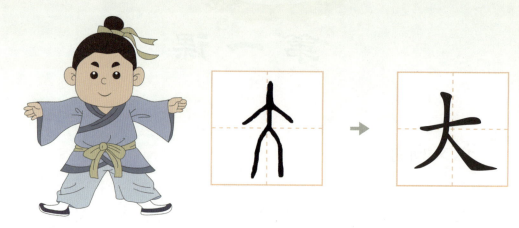

📢 这个人张开双臂，叉开两脚，是不是比侧面的人大多了？这就是"大"字。古人说：天大地大人亦大！用身体充分展开的人表示"大"是有深意的。

📢 "女"的古字形，像一位女子跪坐在地上，上身直立，双手叠放在胸前，端庄安详。

📢 "子"是一个刚出生的婴儿，两只手向上举着，在等妈妈来抱。

人性到底是善是恶？怎样使得人性更完美？这是几千年来人们关注的问题。

一

rén zhī chū   xìng běn shàn
人 之 初 ， 性 本 善 。

xìng xiāng jìn   xí xiāng yuǎn
性 相 近 ， 习 相 远 。

gǒu bú jiào   xìng nǎi qiān
苟 不 教 ， 性 乃 迁 。

——《三字经》

学与习

这是《三字经》开头的几句话。人性本来都是善良的，但习性却千差万别，如果不加教育，本性就会变化。

二

yù bù zhuó   bù chéng qì
玉 不 琢 ， 不 成 器 。

rén bù xué   bù zhī yì
人 不 学 ， 不 知 义 。

——《三字经》

学与习

真正的教育是自我教育。就好像玉石经过雕琢，才能成为精美的器物；人通过学习，才能懂得道理。

中国是一个诗的国度，有几千年的诗教传统。从天文地理，宇宙万物，到生活琐事，喜怒哀乐，都可入诗。今天我们就从春夏秋冬这个自然现象读起。

神情诗

〔东晋〕顾恺之

春水满四泽，夏云多奇峰。
秋月扬明辉，冬岭秀寒松。

神童诗（节选）

〔北宋〕汪洙

春游芳草地，夏赏绿荷池。
秋饮黄花酒，冬吟白雪诗。

学与习

请你找找看，一年四季还有什么不同的特点？

甲骨文

甲骨文是刻在或写在龟甲和兽骨上的古文字。1899年，一个叫王懿（yì）荣的清朝官员，发现河南安阳一带药店的中药"龙骨"上刻有古怪的图案，认定这是殷商古文字，距今已三千多年。经过一百多年来学者们的收集整理研究，现在已经发现的甲骨有十万片以上，文字约四千五百个，但是能认识的只有三分之一。

甲骨文"舟"字

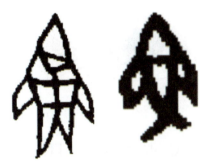

甲骨文"鱼"字

古人信鬼神，遇到一件事情，就占卜问神，并将卜问所得，书刻在兽骨或龟甲上，所以称其为甲骨文。甲骨文和公文一样，有一定的格式。内容大概是祭祀、田猎、风雨、战争、疾病之类。

第 二 课

　　古人造字，总是先从自己的身体造起，叫做"近取诸身"，汉字在造字时，几乎身体的每一个器官都用到了。我们今天就举几个例子，同学们可以举一反三。

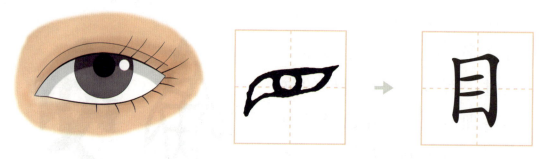

　　🔊 古文字的"目"就是完全照一只眼睛的样子画的，有眼眶和瞳仁。后来楷书写成"目"，将眼睛竖起来。古代留下的成语中，表示眼睛大多用"目"字，而不用"眼"字，如"耳闻目见""耳聪目明""目不转睛"。

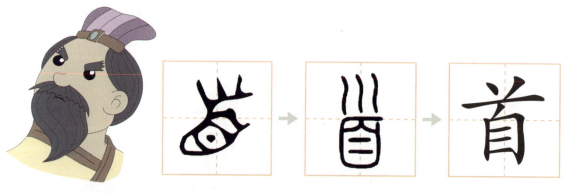

　　🔊 眼睛是头部最受人注意的地方，我们祖先造字就用"目"上面加头发，表示头部。古代常常用"首"表示头部，现在我们也说"昂首挺胸"。

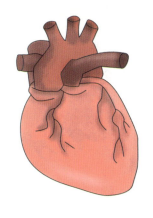

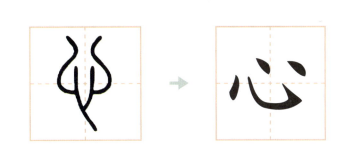

🔊 古文字的"心"就像一颗心脏的样子。古人认为心和情感、意志、思维有关系，凡是心字旁或心字底的字，大多与情绪、思考有关。

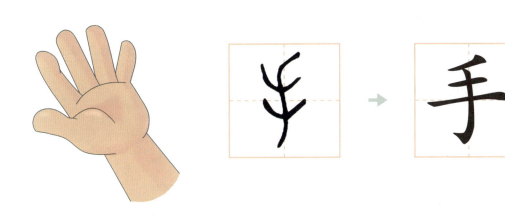

🔊 这是手，像五个手指张开的样子。人类用双手创造出美丽的世界。所以，与手有关的字特别多，你能写出几个吗？

父母是最关心你的人，但不要因为和父母太熟悉了而忽略礼仪规矩。另外，爱护自己的身体和名誉，更是让父母安心的根本。

一

fù mǔ jiào　　xū jìng tīng
父 母 教 ， 须 敬 听 。
fù mǔ zé　　xū shùn chéng
父 母 责 ， 须 顺 承 。

——《弟子规》

学与习

父母的责备批评无不带着关切，有时尽管啰唆了些，但是别忘了他们诚挚的爱。

二

shēn yǒu shāng　　yí qīn yōu
身 有 伤 ， 贻 亲 忧 。
dé yǒu shāng　　yí qīn xiū
德 有 伤 ， 贻 亲 羞 。

——《弟子规》

学与习

这句提醒我们，保护好自己的身体可以让父母少操心；如果品德上有亏缺，让父母蒙受羞辱，你也不愿意、不忍心吧？要知道，日常的小恶就埋伏在我们身边，比如课堂小测验里的偷看，说谎、偷懒逃体育课等。想到这两句话，相信你自然会引以为戒。

思乡是人类共同的情感，我们祖先留下的思乡诗，真不知有多少呢！

九月九日忆山东兄弟
jiǔ yuè jiǔ rì yì shān dōng xiōng dì

〔唐〕王维
táng wáng wéi

独在异乡为异客，
dú zài yì xiāng wéi yì kè

每逢佳节倍思亲。
měi féng jiā jié bèi sī qīn

遥知兄弟登高处，
yáo zhī xiōng dì dēng gāo chù

遍插茱萸少一人。
biàn chā zhū yú shǎo yì rén

kè zhōng shǒu suì　jié xuǎn
客中守岁（节选）

táng bái jū yì
〔唐〕白居易

shǒu suì zūn wú jiǔ　　sī xiāng lèi mǎn jīn
守 岁 尊 无 酒 ， 思 乡 泪 满 巾 。

shǐ zhī wéi kè kǔ　　bù jí zài jiā pín
始 知 为 客 苦 ， 不 及 在 家 贫 。

学与习

你还知道哪些思乡的诗篇？尽可能多找几篇。

博闻广识

篆 文

"篆"字的读音为zhuàn，与"转"同音，它的本义也与"转"有关，因为写的时候圆笔多，要转。篆文分大篆、小篆。大篆指秦统一之前的各国文字，如铸在钟、鼎（dǐng）、权、宝剑等器物上的金文，刻在石头上的石鼓文等；小篆是秦统一文字后的写法，据说是李斯等人制订的。我们今天的汉字就是从小篆发展而来的。

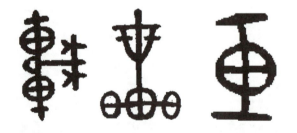
不同的大篆字体的"车"字

小篆"车"字

第 三 课

这节课我们继续学习几个与身体有关的汉字，继续感受祖先的智慧。

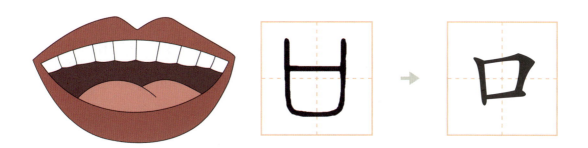

"口"的古字形像张开的嘴。"口"是书面语，平时我们把它叫做"嘴"，或者"嘴巴"。嘴巴可以发出气息、声音、语言，也可以吃喝东西。一个人一张嘴，因此"口"被用来表示"人口"，"十口人"就表示十个人。

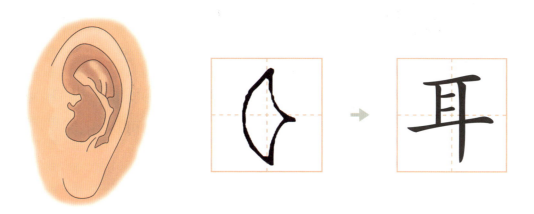

这是用来听人说话、听音乐的"耳"，我们现在常常说成"耳朵"。古汉字的"耳"像一只耳朵的轮廓。

11

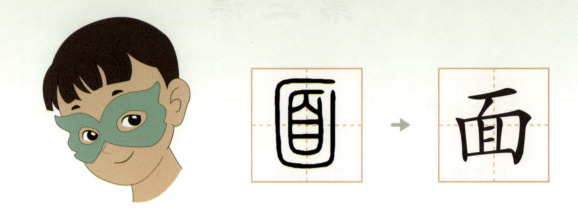

📢 在头部画个框，圈出人的面孔，这是"面"字。现代人常说"脸"，古代人常用"面"。古人留下的一些用"面"的词语，现在还在用，如"面容""面色""面红耳赤""面黄肌瘦"等。

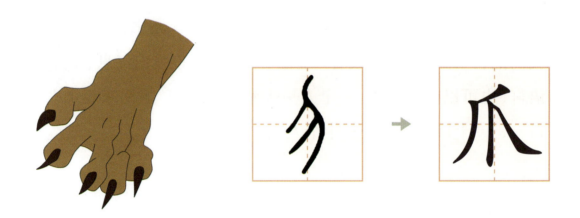

📢 "爪"（zhǎo）像一只向下抓东西的手，也有人说像只动物的爪子，如猫爪、鸟爪等。"爪"也可以用来表示手脚指（趾）甲。

开蒙启智

珍惜时间、说话得体，是古人特别重视的。请大声诵读下面两个短句。

一

chǐ bì fēi bǎo cùn yīn shì jìng
尺 璧 非 宝 ， 寸 阴 是 竞 。

——《千字文》

学与习

与其贪求财宝，不如好好珍惜一寸光阴。珍惜时间是我们每个人都要牢记的道理。

二

róng zhǐ ruò sī yán cí ān dìng
容 止 若 思 ， 言 辞 安 定 。

——《千字文》

学与习

脸色、举止应当从容不迫，说话要得体稳重。当然，一个人的外在举止和他的内在修养是分不开的。

你一定懂得节约粮食的道理吧，古人还专门写了诗劝大家珍惜粮食呢！

悯农二首（其一）

〔唐〕李绅

春种一粒粟，秋收万颗子。
四海无闲田，农夫犹饿死。

悯农二首（其二）

〔唐〕李绅

锄禾日当午，汗滴禾下土。
谁知盘中餐，粒粒皆辛苦。

学与习

读了这两首诗，你能说说为什么要节约粮食吗？最好用诗句来回答。

隶书、楷书及其他字体

隶（lì）书又叫八分，是由小篆渐渐演变成的一种简便的字体。这是秦汉时期人们为了追求书写速度，将小篆的字形变扁，线条变直，这在历史上称为"隶变"。

隶书

经过魏晋到隋唐，隶书再发展演变，渐渐变成了今天的"正楷"，或者叫"真书""楷书"，因此有"汉隶唐楷"的说法。

当然，字体的发展也不是那么简单。隶书快写，形成了"章草"。"正楷"快写，形成了"行书"，再快写，发展为"今草""狂草"。到后来，字体的发展形成了多姿多彩的态势。

楷书

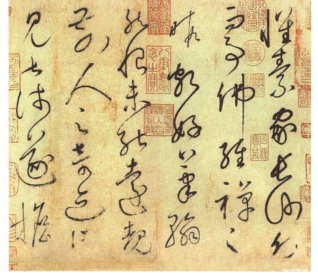

草书

第 四 课

　　太阳、月亮和水源都与祖先的生存紧密相关，你知道为什么吗？

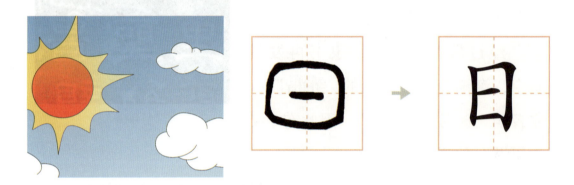

　　📢 "日"，我们常常叫做太阳。但"日"字现在也常用，如"日光""日出"。太阳对人类实在太重要了，有太阳才有光亮。有太阳光亮的白天叫"日"，没有太阳光亮的时候叫"夜"。人们又把一日一夜称为"日"，用来计算时间。

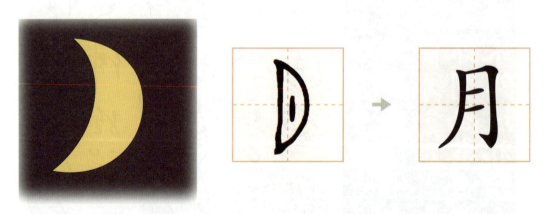

　　📢 "月"字像半个月亮。月亮有时圆，有时半圆，有时只是个月牙。一个月中只有农历的十五、十六是满月，因此还是用半月来表示月亮，也免得和"日"搞混了。

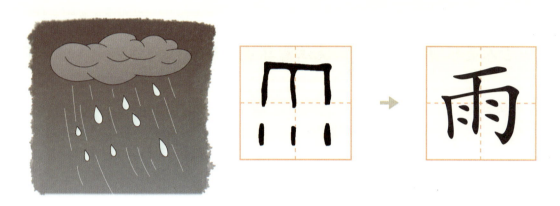

　　古汉字的"雨"顶部一条横线表示高空的云层，下面垂下的六条短线是下落的雨水。云里的水滴越来越多，越来越大，落下来，就成了雨。

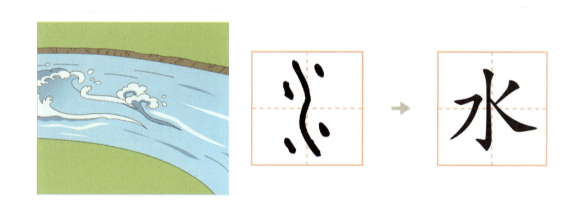

　　"水"的古字形由一条弯曲的线和四个点构成，很像弯曲的水流。古代的人习惯把河流叫做"水"，直到现在，汉江、湘江还被人们称作"汉水""湘水"。

古人是很重视教育的，既注意环境的影响，又注意个人的作用。

一

xī mèng mǔ　　zé lín chǔ
昔 孟 母 ， 择 邻 处 。
zǐ bù xué　　duàn jī zhù
子 不 学 ， 断 机 杼 。

——《三字经》

学与习

　　相传孟子的母亲为了让孟子有个良好的学习环境，曾多次搬家，最后搬到了学堂旁，孟子才变得懂礼好学。后两句是说孟子小时候有一次逃学，他的母亲就告诫他，荒废了的学业就像剪断了的布匹一样无法接续。孟子后来取得的成就跟他善于教育的母亲是分不开的啊！

二

yǎng bú jiào　　fù zhī guò
养 不 教 ， 父 之 过 。
jiào bù yán　　shī zhī duò
教 不 严 ， 师 之 惰 。

——《三字经》

学与习

　　如果抚养却不教导，这是父亲的过错；如果教育得不严格，这是老师责任心不强。

一个人远离故乡、远离亲人，就会想念。读下面两首古诗，看看古人是怎样抒发思念之情的。

杂 诗

〔唐〕王维

君自故乡来， 应知故乡事。

来日绮窗前， 寒梅著花未？

相 思

〔唐〕王维

红豆生南国，春来发几枝。

愿君多采撷，此物最相思。

学与习

惦记着故乡的梅花，收藏好几颗漂亮的红豆，细微的言行之中，充满了思念之情。多读几遍，相信你能感受到作者的心情。

文房四宝

　　"文房四宝"是笔、墨、纸、砚四种文具的统称,古人写字离不开它们。文房就是书房。笔,指毛笔,根据不同的材料可分为羊毫、狼毫、鼠毫、兼毫等;墨,按制作的不同,分油烟和松烟等;纸,一般指宣纸,是中国书法绘画所特有的;砚台也因产地的不同而品种繁多。"文房四宝"是旧时读书人必备的物品,它们的制造有上千年历史。最著名的"文房四宝"有:浙江吴兴(古代属于湖州)的湖笔,安徽歙(shè)县(古代属于徽州)的徽墨,安徽泾县(古代属于宣州)的宣纸,广东肇庆(古代属于端州)的端砚。

笔

纸

砚

墨

第 五 课

　　古人要生存，就要将荒原开垦成田地，要生火做饭，就要到山上砍柴。这些字里有祖先的生活。

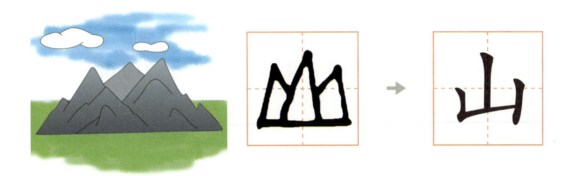

　　"山"的古字形就像连绵不断的山，一座接一座。中国大地上这样的山很多，山地占我国陆地总面积的三分之一。我国的喜马拉雅山是世界上最高、最大的山。

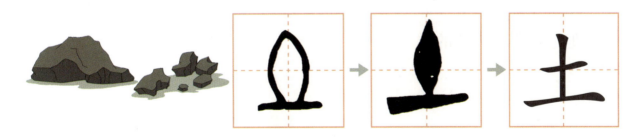

　　我们的祖先相信土地能够孕育生命，所以非常敬重土地。有了土地才有植物、动物，我们人类才有食物。学会在土地上耕种的古人造的"土"字，就像地上的土堆，后来才变成了三根线条的"土"。

　　已经种上农作物的土地，称为"田"。"田"的字形像一块四方的大田被分割成四块小田，一纵一横分割的直线就是田埂（gěng）。田埂用来划分界限，用来蓄水，人们在田埂上来往和劳动。

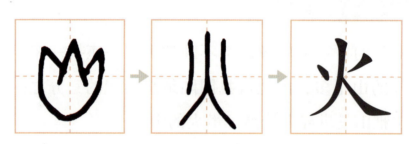

　　在人类的进化历史中，学会使用火是很重要的一步。"火"是一个象形字，字形就像一团向上蹿的火苗。后来笔划变细，但还看得出火苗的样子。

开蒙启智

良好的家庭教育能让人成才，能让家庭生活温馨幸福。

一

xiāng jiǔ líng，néng wēn xí。
香 九 龄， 能 温 席。

xiào yú qīn，suǒ dāng zhí。
孝 于 亲， 所 当 执。

róng sì suì，néng ràng lí。
融 四 岁， 能 让 梨。

tì yú zhǎng，yí xiān zhī。
弟 于 长， 宜 先 知。

——《三字经》

学与习

东汉的黄香九岁的时候就懂得孝顺父母，天冷的时候他用自己的身体温暖父母的床褥（rù）。孔融四岁的时候就懂得把大梨让给哥哥们，自己吃最小的。句中的"弟"通"悌"（tì），是敬爱兄长的意思。"孝悌"是家庭中最重要的美德。

二

dòu yān shān，yǒu yì fāng。
窦 燕 山， 有 义 方。

jiào wǔ zǐ，míng jù yáng。
教 五 子， 名 俱 扬。

——《三字经》

学与习

五代时的窦燕山教子有方，五个儿子都名扬于世。

诵诗冶性

一阵鸟鸣、一个渔翁都是古人写诗的好材料。真佩服他们。

春晓 chūn xiǎo

〔唐〕孟浩然 táng mèng hào rán

春眠不觉晓， 处处闻啼鸟。
chūn mián bù jué xiǎo，chù chù wén tí niǎo。

夜来风雨声， 花落知多少。
yè lái fēng yǔ shēng，huā luò zhī duō shǎo。

江雪 jiāng xuě

〔唐〕柳宗元 táng liǔ zōng yuán

千山鸟飞绝， 万径人踪灭。
qiān shān niǎo fēi jué，wàn jìng rén zōng miè。

孤舟蓑笠翁， 独钓寒江雪。
gū zhōu suō lì wēng，dú diào hán jiāng xuě。

学与习

写春天，雨声鸟鸣，都很好听。写冬天，山野清冷，小舟渔翁，让人能感受到寒意阵阵。

博闻广识

天下第一行书

　　王羲之写的《兰亭序》被称为"天下第一行书"。东晋永和九年（353）三月三日，王羲之和谢安等四十一人在山阴（现在的浙江绍兴）兰亭聚会，一起举行仪式，消灾祈福，饮酒赋诗。王羲之把当时写的诗汇集起来，并作了序，这就是著名的《兰亭序》，也叫《兰亭集序》。这篇序共二十八行，三百二十四字，文章流丽，书法精妙，被后世称为"天下第一行书"。唐太宗李世民得到后，命令手下大臣临摹了数本，分别赐给一些亲贵大臣。相传《兰亭序》真迹已殉葬入昭陵，流传于世的都是摹本。

唐冯承素摹本《兰亭序》

第 六 课

要收获粮食，离不开辛勤的耕种。我们的祖先很聪明，他们知道单靠人力是不行的，所以很早就驯（xùn）养了家畜。

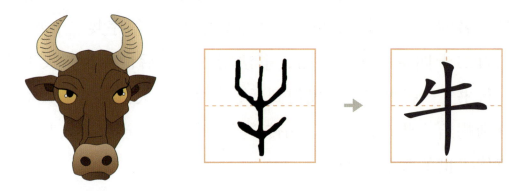

我们祖先很早就开始养牛，用牛来耕地。"牛"的古字形，像正面看过去的牛头，两侧向上竖起的是牛角，中间向两边翘起的是牛耳，突出牛的头部特征，你看多么逼真！后来的写法将牛角、牛耳都拉平了。

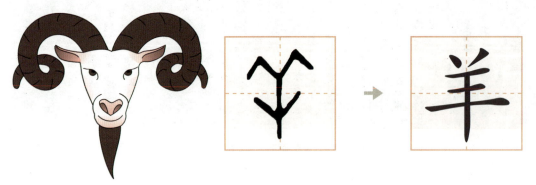

"羊"的古字形，就像一个羊头。上部是一对向下弯曲的羊角，中部是一对翘起的耳朵。古人最早畜牧的动物就是牛和羊，因为它们很温驯而且容易养活。生活在中原地区的人们主要养山羊，生活在漠北、塞外的人们则主要养绵羊。

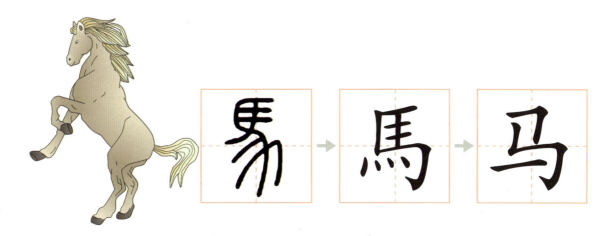

馬 → 馬 → 马

　　马是人类的好帮手，在发明火车、汽车之前，马是最重要
的陆上交通工具和运输工具。马的特点是颈部、尾巴有长长的毛，
"马"的古字形上半部的三横像马脖子上的鬃毛，下半部像四
条腿，还甩着尾巴。后来楷书写成"馬"，今天简化成"马"。

开蒙启智

　　古人对大自然的了解很有限，于是就产生了一些有意思的说法。

一

sān cái zhě　　　tiān dì rén
三 才 者 ，　天 地 人 。
sān guāng zhě　　rì yuè xīng
三 光 者 ，　日 月 星 。

——《三字经》

学与习

　　古人所说的"三才"是天、地、人，"三光"是日、月、星。
古人认为，这是构成世界的基本因素。

二

yuē shuǐ huǒ　mù jīn tǔ
曰水火，木金土。

cǐ wǔ xíng　běn hū shù
此五行，本乎数。

yuē rén yi　lǐ zhì xìn
曰仁义，礼智信。

cǐ wǔ cháng　bù róng wěn
此五常，不容紊。

——《三字经》

学与习

"五行"指的是"水火木金土"这五种构成宇宙万物的基本元素，而"仁义礼智信"这"五常"则是五种基本的道德原则。"五常"可以看作是"五行"在人类社会中的具体表现。

诵诗冶性

李白登上高楼，不敢高声说话，说怕惊动天上的仙人。王之涣登上高楼，说可以看得更远。

yè sù shān sì
夜宿山寺

táng lǐ bái
〔唐〕李白

wēi lóu gāo bǎi chǐ　shǒu kě zhāi xīng chén
危楼高百尺，手可摘星辰。

bù gǎn gāo shēng yǔ　kǒng jīng tiān shàng rén
不敢高声语，恐惊天上人。

dēng guàn què lóu
登鹳雀楼

táng wáng zhī huàn
〔唐〕王之涣

bái rì yī shān jìn　　huáng hé rù hǎi liú
白 日 依 山 尽 ，　 黄 河 入 海 流 。
yù qióng qiān lǐ mù　　gèng shàng yì céng lóu
欲 穷 千 里 目 ，　 更 上 一 层 楼 。

📚 学与习

　　登得高才能看得远，这个道理大家一定都懂。读了这两首诗，
你还有别的感受与大家分享吗？

天下第二行书

　　《祭侄文稿》简称《祭侄稿》，是唐代颜真卿的书法作品。这个作品写于758年，是颜真卿为了纪念殉（xùn）难于安史之乱中的侄子而留下的手稿，手稿真迹如今收藏在台北故宫博物院。《祭侄文稿》的文章内容情真意切，正气凛（lǐn）然，书法雄壮激荡，浑然一体。人们对它的评价是"纵笔浩放，一泻千里"。《祭侄文稿》对后世影响很大，被称为"天下第二行书"。

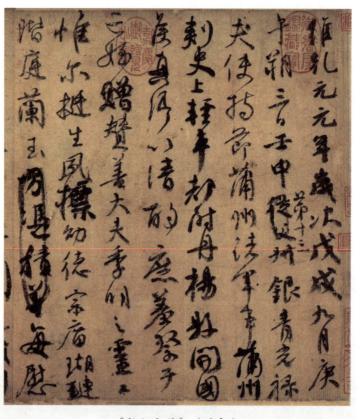

《祭侄文稿》（局部）

第 七 课

在食物短缺的时代，鱼、鸟等都是先人可以填饱肚子的食物。

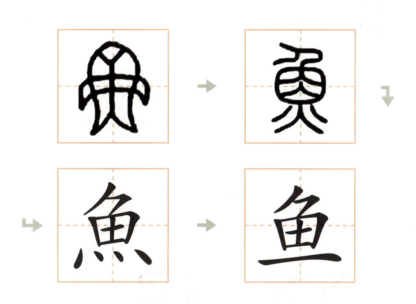

"鱼"的古字形，就是一条鱼的样子，上部是鱼头，中间有两个鱼鳍（qí），下部是分成两半的鱼尾。楷书的"鱼"，下面的四点是鱼的尾巴，后来简化成"鱼"。

31

　　"鸟"的古字形像一只站立着的鸟，头朝左，翅膀和尾巴朝右。后来繁体、简体的"鸟"都和古汉字比较接近，看得出鸟的样子。想一想，"鸟"为什么比"鸟"少一点呢？

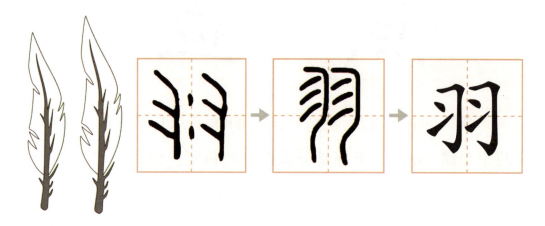

　　鸟类最显著的特征就是长着五颜六色的羽毛，有了羽毛鸟才能展翅飞翔。"羽"的古字形就像两根羽毛。古人把大雁或雕的羽毛装在箭的尾部，这样就能使箭飞行得更稳定。

孝敬父母,就要知道他们喜欢什么、讨厌什么,要学会与他们交流。

一

qīn suǒ hào　　lì wèi jù
亲 所 好 ， 力 为 具 。
qīn suǒ wù　　jǐn wèi qù
亲 所 恶 ， 谨 为 去 。

——《弟子规》

学与习

这句提醒我们,要做父母喜欢的事情,不要做让父母讨厌的事情。例如,父母喜欢整洁,我们就应该养成经常收拾书桌的好习惯。

二

qīn yǒu guò　　jiàn shǐ gēng
亲 有 过 ， 谏 使 更 。
yí wú sè　　róu wú shēng
怡 吾 色 ， 柔 吾 声 。

——《弟子规》

学与习

父母犯错,可以提醒,但要像个小辈提醒长辈的样子,和颜悦色,语气委婉。得理不让人是没修养的表现,何况对方还是最爱你的人呢。

送别朋友，看着他的背影消失在山间。寄宿在朋友家，听到风雪中夜归人的脚步声，这样的意境都是美好的。

送灵澈上人
sòng líng chè shàng rén

〔唐〕刘长卿
táng liú zhǎng qīng

苍苍竹林寺，杳杳钟声晚。
cāng cāng zhú lín sì   yǎo yǎo zhōng shēng wǎn

荷笠带斜阳，青山独归远。
hè lì dài xié yáng   qīng shān dú guī yuǎn

逢雪宿芙蓉山主人

〔唐〕刘长卿

日暮苍山远，天寒白屋贫。
柴门闻犬吠，风雪夜归人。

学与习

读了这两首诗，你的眼前是否呈现出诗中写到的画面？记得一定要边读边想象哦！

天下第三行书

《黄州寒食诗》又名《寒食帖（tiè）》，是苏东坡传世的行书法帖。苏东坡因为写诗批评朝政而被诬陷，被贬到黄州。元丰五年（1082）寒食节，东坡心情沉重，写诗排遣。因此，诗的内容不免有些悲伤，但他为人旷达，所以这篇手稿潇洒随意，字体时大时小，笔划忽短忽长，参差错落，浑然一体。

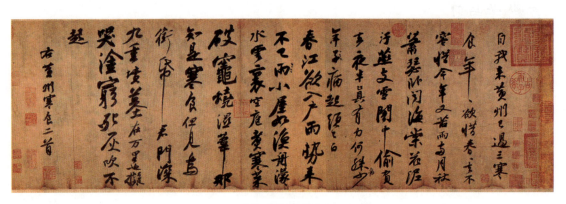

《黄州寒食诗》

他的朋友黄庭坚说这一作品诗似李白，有李白不到处，书法兼有颜真卿、杨凝式等人的笔意。《黄州寒食诗》被后人誉为自王羲之、颜真卿以后的"天下第三行书"。

第 八 课

这节课我们来学习几个与植物有关的字。

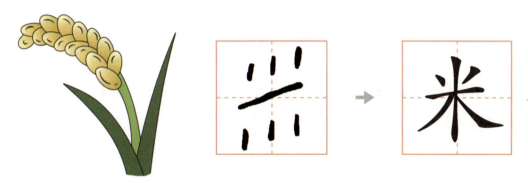

"米"的古字形像一支稻穗(suì)。我们平时吃的米是稻米,俗称大米。除此之外还有黄色的粟米,俗称小米。

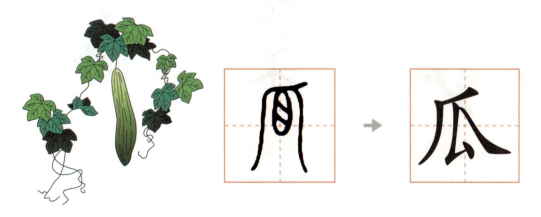

"瓜"的古字形中间是结的瓜,两边是细长的能缠绕攀爬的瓜藤。瓜的种类很多,有的是细长形的,如丝瓜;有的是椭圆形的,如哈密瓜。你还知道哪些瓜?和同学们说一说吧!

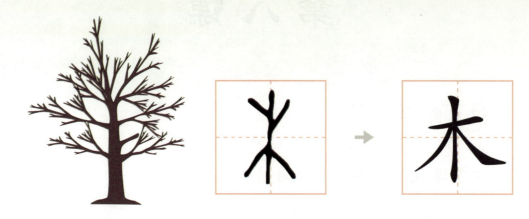

　　"木"字就像一棵树，下面是根，上面是树干（gàn）、树枝。古人一般把树称为"木"，而"树"本来是栽种的意思，比如"十年树木，百年树人"。后来"木"大多被用来表示"木材"的意思，而"树木"的意思则由"树"来表示了。

　　我们吃的桃子、李子、苹果等水果，都是长在树上的。"果"的古文字是象形字，就像一颗又圆又大的果子长在树上。因为结成果实是树木生长过程的最后一个环节，所以人们用"结果""成果"来表示一件事情的结尾。

开蒙启智

古人讲究等级，他们认为每个人在自己的等级中做事，天下才能太平。

一

hé wèi wǔ lún　jūn chén　fù zǐ　xiōng dì
何谓五伦？君臣，父子，兄弟，

fū fù　péng yǒu　hé wèi jiǔ zú　gāo　zēng
夫妇，朋友；何谓九族？高、曾、

zǔ　kǎo　jǐ shēn　zǐ　sūn　zēng　xuán
祖、考、己身、子、孙、曾、玄。

——《幼学琼林》

学与习

什么叫做五伦？就是君臣、父子、兄弟、夫妇、朋友。什么叫做九族？就是高祖、曾祖、祖父、父亲、自身、儿子、孙子、曾孙、玄孙。

二

zhào qián sūn lǐ　　zhōu wú zhèng wáng
赵 钱 孙 李 ，周 吴 郑 王 。

féng chén chǔ wèi　　jiǎng shěn hán yáng
冯 陈 褚 卫 ，蒋 沈 韩 杨 。

——《百家姓》

《百家姓》的作者是谁并不清楚，但学者从首句排列顺序推断它应当出自宋初南方吴越国（现在的江苏、浙江一带）的书生之手。"赵"是宋朝的国姓，自然要排在首位。"钱"是吴越王族的姓氏，所以排在第二。"孙"是吴越王妻子的姓，所以"孙"跟在"钱"的后面。而"李"排在第四，可能是因为当时与吴越相邻的南唐政权的皇帝姓李。而其后的姓氏都是当时江浙一带的大姓。

诵诗冶性

离开家人隐居、回归故乡都是古诗经常写到的内容。

寻隐者不遇
xún yǐn zhě bú yù

〔唐〕贾岛
táng jiǎ dǎo

松 下 问 童 子 ，言 师 采 药 去 。
sōng xià wèn tóng zǐ　yán shī cǎi yào qù

只 在 此 山 中 ，云 深 不 知 处 。
zhǐ zài cǐ shān zhōng　yún shēn bù zhī chù

40

渡汉江

〔唐〕宋之问

岭外音书断，经冬复历春。
近乡情更怯，不敢问来人。

学与习

贾岛兴冲冲地去拜访一位隐士，可是没有遇见。你能猜出贾岛和童子对话的内容吗？宋之问在快要回到故乡时，为什么会紧张得不敢打听家乡的情况呢？

博闻广识

楷书四大家

隋唐以后，楷书成为最常用的字体。被作为范本的有四大家。他们是欧阳询、颜真卿、柳公权和赵孟頫（fǔ）。

欧、颜、柳是唐代书法家。欧阳询的字苍劲有力，人称"欧体"，代表作有《九成宫醴（lǐ）泉铭》。颜真卿的字端庄雄伟，气势开张，开创新风格，人称"颜体"，

欧阳询《九成宫醴泉铭》
（局部）

代表作有《颜勤礼碑》。柳公权的字骨力遒（qiú）劲，结构严谨，人称"柳体"，代表作有《玄秘塔碑》。他与颜真卿并称"颜筋柳骨"。

赵孟頫是元代书画大家，他的字圆转遒丽，人称"赵体"，代表作有《胆巴碑》等。

颜真卿《颜勤礼碑》
（局部）

柳公权《玄秘塔碑》
（局部）

赵孟頫《胆巴碑》
（局部）

第 九 课

识文断字

古人要获取食物，就离不开各种工具，这节课就为大家介绍几个这方面的字。

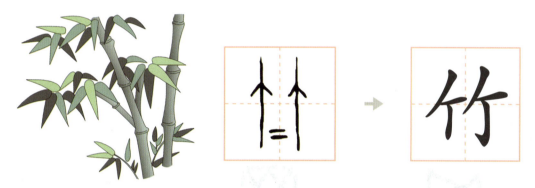

"竹"字像竹叶下垂在竹子上的样子。我们的祖先很早就用竹子来造房子，做器具，还在竹片上写字，做成书本，也就是竹简。竹子中空、有节，质地坚韧，风吹不折，所以古人常用竹来象征谦虚、有气节、刚直不阿（ē）等美德。

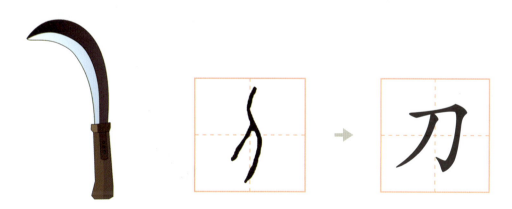

刀是人类最古老、最重要的工具，可以用来砍树木、削竹子、打野兽。博物馆里展出着不少石刀、青铜刀。"刀"的古字形上半部是刀柄，下半部是刀刃。"刀"用作偏旁时也写成"刂"。

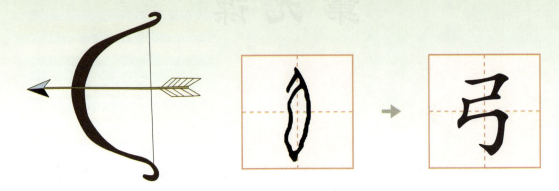

　　弓箭可以用来射远处的野兽和天上的飞鸟，是古代人获取食物和保护自己的重要工具和武器。"弓"的古字形左边是弓背，右边是弓弦，后来省去弓弦，只剩下弓背，就成了"弓"。

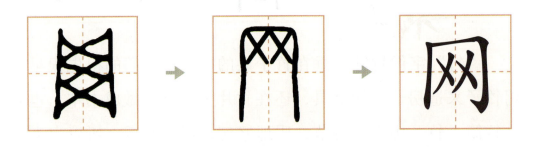

　　"网"是象形字，古字形像两根竖着的木棍中间张着一张网。网是人类极重要的工具，无论是打野兽、捉鸟还是捕鱼都用得上，它的作用就是捕捉猎物。

开蒙启智

面对父母等长辈的教育，我们可以怎么做？看看古人怎么说。

一

fù mǔ hū，yìng wù huǎn
父 母 呼， 应 勿 缓 。
fù mǔ mìng，xíng wù lǎn
父 母 命， 行 勿 懒 。

——《弟子规》

学与习

当下，我们不提倡对父母惟命是从，因为每个人都有自己独立的人格。但平时父母让我们整理房间、赶紧来吃饭的时候，还是要反应迅速。

二

wài shòu fù xùn，rù fèng mǔ yí
外 受 傅 训， 入 奉 母 仪 。
zhū gū bó shū，yóu zǐ bǐ ér
诸 姑 伯 叔， 犹 子 比 儿 。

——《千字文》

学与习

在学校要听老师的话，在家里要听父母的话。对待姑姑、叔叔、伯伯，要像他们的孩子一样尊敬他们。

第九课

45

小朋友，你外出旅行时见过山间的美景吗？还有印象吗？

栾家濑
luán jiā lài

〔唐〕王维
táng wáng wéi

飒飒秋雨中，浅浅石溜泻。
sà sà qiū yǔ zhōng jiān jiān shí liū xiè

跳波自相溅，白鹭惊复下。
tiào bō zì xiāng jiàn bái lù jīng fù xià

白石滩
bái shí tān

〔唐〕王维
táng wáng wéi

清浅白石滩，绿蒲向堪把。
qīng qiǎn bái shí tān lù pú xiàng kān bǎ

家住水东西，浣纱明月下。
jiā zhù shuǐ dōng xī huàn shā míng yuè xià

学与习

　　一只白鹭，一条小溪，一群浣纱女。一片河滩，一丛绿蒲，一轮明月。山间美景真是怡人。

行书四大家

宋朝的书法以行书最为出名，其中的代表是"宋四家"——苏、黄、米、蔡。

苏东坡是个全才，书画诗文无一不佳。书法自成一家面目，用笔丰腴（yú）跌宕，有天真自然之趣，代表作有《黄州寒食诗》。

黄庭坚是宋代著名诗人，书法侧险取势，纵横奇崛，代表作有《松风阁诗》。

米芾（fú）擅书画，精鉴别，因举止颠狂，人称"米颠"。他的字用笔俊迈，别人评价他的书法是"风樯阵马，沉着痛快"，代表作有《苕（tiáo）溪诗》等。

蔡襄的行书温淳婉媚，代表作品有《自书诗卷》。

苏轼《黄州寒食诗》（局部）

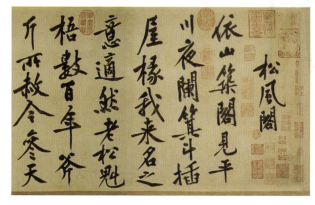

黄庭坚《松风阁诗》（局部）

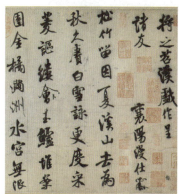

米芾《苕溪诗》（局部）

蔡襄《自书诗卷》

第九课

47

第十课

前几课讲了不少与食物有关的字，这节课再学几个与日常生活相关的字。

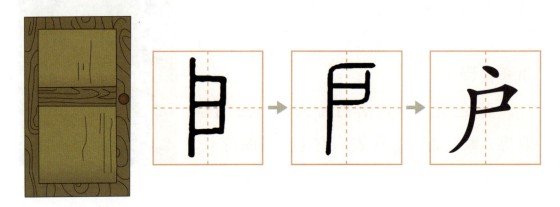

古代人的房屋，开始大多只是个棚子，后来筑起了墙，又安上门户。一扇的叫做"户"，两扇的叫"門"。"門"字现在简化成"门"。一幢（zhuàng）房子通常只有一个门，所以人们用"一户"来表示一家人家。

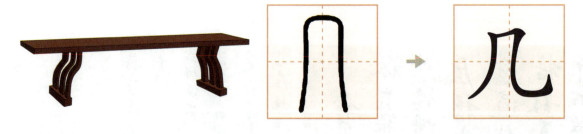

我们祖先本是席地而坐，"坐"字不就是两个人坐在地上吗？地上放的矮桌子叫"几（jī）"，上面可以放东西，也可以靠在上面休息。

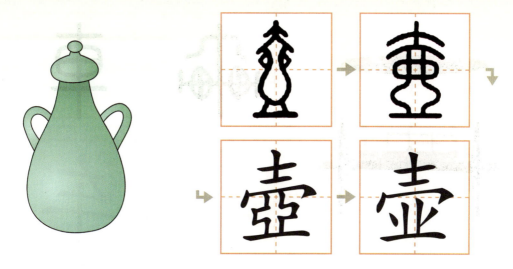

壶是用来盛水、酒、油、茶等液体的，上部是盖子，现在写成"士"了，下部可太像一个壶了。原来写作"壺"，现在简化为"壶"。

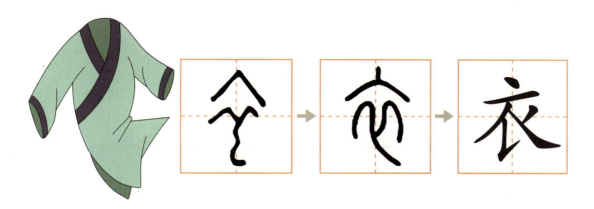

"衣"字就像古人穿的衣服，胸前的衣襟交叉，外面的衣襟向右边，这是汉族人服装的特点。古人把上身穿的衣服称为"衣"，下身穿的衣服称为"裳"。今天"衣"字泛指所有的衣服。

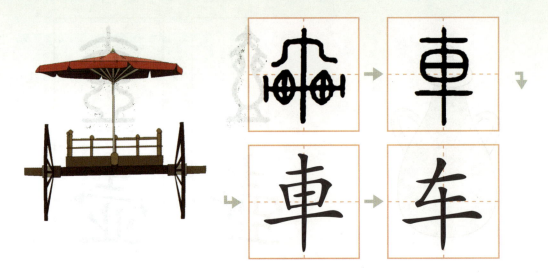

　　"车"字最古老的写法，就像一辆古代的车子，上部一条弯曲的横线是搁在牛、马颈上的轭（è），中间一条竖的长线是车辕（yuán），一条横的长线是车轴，两边是轮子。后来的写法，上下两横表示轮子，中间是坐人的车厢，繁体字仍是这样。

开蒙启智

　　进出家门要与父母打招呼，这是基本的礼貌，对别人也应如此。尊重父母，就要懂得关爱他们。

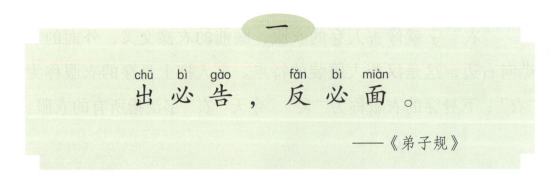

一

chū bì gào　　fǎn bì miàn
出 必 告， 反 必 面。

——《弟子规》

学与习

　　你上学出门时会跟父母道别吗？回家会记得让父母看一眼确认你安然无恙吗？如果没有，从明天开始这样做吧！

二

qīn yǒu jí   yào xiān cháng
亲 有 疾 ， 药 先 尝 。
zhòu yè shì   bù lí chuáng
昼 夜 侍 ， 不 离 床 。

——《弟子规》

学与习

　　相传汉文帝母亲生病时，他早晚都守在床边服侍。母亲喝药时，他总要先尝尝烫不烫，确定不烫了再给母亲喝。你父母生病时，你是怎么做的呢？

诵诗冶性

夏天和冬天在诗人的笔下会是怎样的？请来读读下面两首诗。

zhōng nán wàng yú xuě
终 南 望 余 雪

táng   zǔ yǒng
〔唐〕祖咏

zhōng nán yīn lǐng xiù   jī xuě fú yún duān
终 南 阴 岭 秀 ， 积 雪 浮 云 端 。
lín biǎo míng jì sè   chéng zhōng zēng mù hán
林 表 明 霁 色 ， 城 中 增 暮 寒 。

第十课

夏夜（节选）

〔南宋〕陆游

夏夜忽已半，东冈月初生。
起行绕庭树，爱此露滴声。

学与习

冬天，终南山上满是积雪。到了傍晚，城中更觉寒冷。夏夜，月亮升起，诗人在寂静的庭院里散步，听到了露珠滴落的声音。

52

碑和帖

古代流传下来的书法作品，要么是刻在石头上，要么是写在纸或绢帛（bó）上。刻在石上的统称为"碑"。如果细分的话，方的叫做"碑"，圆的叫做"碣"。碑有竖在墓前，记录某人事迹的；有因为某一件大事而刻作纪念的；也有刻在山崖上的，称为"摩崖石刻"。写在纸和帛上而流传下来的书法作品通常称为"帖"，后世专门为学习书法而汇集古人字迹刻在石头上、木头上，然后拓（tà）印制成的拓片，也称为"帖"。

因为刻在碑上和写在纸上的书法作品有不同的用途和特点，所以形成了碑学和帖学。

碑学是指研究考证碑刻起源、体制以及新旧异同的学问。帖学是指研究考证法帖的源流、优劣、字迹真伪的一种学问。

学习书法到底学碑好，还是临帖好，学术界还有不同的意见。